LETTRE

A

MONSIEUR Louis BLANC

PRÉSIDENT DE LA COMMISSION DU LUXEMBOURG,

PAR

J. POULAIN,

Ancien constructeur de machines, filateur et tisserand à Paris.

PARIS.

1848.

Imprimerie Hennuyer et Ce, rue Lemercier, 24, Batignolles.

LETTRE

A

MONSIEUR LOUIS BLANC

PRÉSIDENT DE LA COMMISSION DU LUXEMBOURG.

Je lis sur le drapeau que vous portez avec enthousiasme ces belles paroles, en lettres d'or : *Organisation du Travail*. Si vous étiez un homme pratique, un chef d'atelier, un contre-maître ou un ouvrier intelligent; si vous aviez depuis longues années fréquenté les usines, j'aurais confiance en votre devise, et pourrais voir en vous un réformateur, un envoyé de Dieu sur la terre, une espèce de prophète pour changer nos croyances et l'ordre établi. Mais loin de là, je vous repousse comme incompétent, car il m'est bien démontré que vous n'avez aucune idée sérieuse de la matière dont vous parlez cependant avec élégance; vos discours sont brillants, mais dangereux, car ils séduisent l'esprit de ceux qui prennent des erreurs pour des vérités. Pourquoi n'avez-vous pas compris qu'avant d'établir une nouvelle théorie qui promet à l'ouvrier le paradis terrestre, il eût fallu étudier la marche de l'industrie depuis sa naissance, pour la comparer à la marche de la politique? Vous n'auriez pas alors conclu qu'en changeant les bases de celle-ci, il fallait aussi changer les bases du travail, l'organiser et le mettre à la hauteur des institutions républicaines.

Depuis 89 la France n'a connu que les extrêmes; d'une liberté effrénée elle a passé au despotisme, du despotisme nous sommes enfin revenus à la liberté : vous voyez que nous avons sauté d'un extrême à l'autre, en franchissant les termes moyens, sans nous y arrêter. Examinons s'il en est de même de l'industrie : si au contraire elle n'a point éprouvé les mêmes secousses que la politique, si sa marche a été toujours sage et toujours progressive; si, fidèle à son origine, comme fille du Ciel, elle a amélioré le sort de tous en répandant ses trésors sur la France; pourquoi donc vouloir la désorganiser pour la mettre en rapport avec la République, quand il me paraît démontré qu'elles sont toutes deux à la hauteur l'une de l'autre?

Il faut que je vous prouve ce que j'avance, et pour mieux me faire comprendre, je ne vous parlerai que de l'industrie cotonnière; c'est la plus importante, la reine de toutes les autres; elle compte à son service des armées plus nombreuses que celles du plus puissant empire de l'Europe.

Le Consulat a vu paraître les premières machines à filer; le génie qui présidait alors aux brillantes destinées de la France disait, au Conservatoire des arts et métiers, à une assemblée d'industriels qui prenaient des leçons de filature sous les yeux de ce grand maître : *Filez, montez des machines; chaque métier sera une victoire remportée sur l'Angleterre.* Encouragé par ces paroles, chacun se met à l'œuvre : voilà la concurrence qui commence entre les deux puissances les plus éclairées et les plus intelligentes de l'Europe. Les mécaniciens français sont appelés à construire des machines, tout se met en mouvement : la forge, l'étau, le tour sont en activité, et bientôt les cotons filés à la mécanique suffisent au tissage à la main qui existait alors. Sous l'Empire l'élan continue, de plus vastes établissements surgissent ; mais ils sont mieux combinés, ils ont plus de chances de succès, car ils évitent les erreurs de leurs devanciers ; les machines sont aussi mieux entendues, et elles produisent de meilleurs filés et à plus bas prix : voilà le premier effet de la concurrence.

Après avoir dominé les rois de l'Europe, après avoir couvert la France de gloire, l'Empire s'écroule avec fracas : l'industrie ne rétrograde cependant pas comme la politique, à laquelle la Restauration fait faire un pas en arrière ; au contraire, elle continue paisiblement sa marche dans la voie du progrès, et enrichit toutes les provinces où elle s'arrête en plantant son drapeau.

Les premières machines sous le Consulat marchaient péniblement à bras d'hommes ; un ouvrier tournait une carde, un autre mettait en mouvement un banc d'étirage ou un banc de lanternes ; les fileurs en gros et les fileurs en fin épuisaient, chaque jour, leur force sur une manivelle pendant 14 heures d'un travail trop pénible.

Mais l'industrie, toujours active, vigilante, et poussée par la force irrésistible de la concurrence vers les améliorations qui tendent toutes à la perfection, comme toutes les améliorations politiques tendent à la république, construisit bientôt des manéges qui communiquèrent la vie et le mouvement aux machines préparatoires, progrès dont l'humanité eut à se féliciter en rendant hommage au génie de l'homme; car à compter de ce jour l'ouvrier ne tombera plus, épuisé de fatigue, sur sa manivelle, il n'aura plus qu'à diriger. Mais cette conquête glorieuse ne suffit point à l'ambition de l'industrie, elle veut en faire de plus importantes, car sa mission est d'avancer toujours; elle recherche les chutes d'eau, construit des roues qui mettent en mouvement toutes ses machines; désormais l'homme est sauvé, son travail ne sera plus meurtrier; la voix de l'humanité a encore été entendue par le génie de l'invention, la philanthropie triomphe tant dans les ateliers qu'au dehors; l'homme, autrefois, ne pouvait faire tourner que 216 à 240 broches au plus, il en conduira dorénavant 360 et beaucoup plus, car c'est l'eau qui les mettra en mouvement, et il n'aura plus qu'à s'occuper du renvidage. Voilà encore un immense progrès à signaler en faveur de l'ouvrier et en faveur de la consommation, qui obtiendra désormais les produits de cette industrie à plus bas prix, sans que l'ouvrier ait à supporter une diminution sur son salaire.

Mais les chutes d'eau n'existent pas dans toutes les localités; l'industrie s'arrêtera-t-elle devant cet obstacle? Non; il faut que le système inorganique vienne au secours du système organique; elle trouvera dans les flancs de la terre du fer, du charbon, et de l'eau à sa surface, et la vapeur mettra ses ateliers en mouvement. Victoire! Victoire! l'humanité ne sera plus soumise à ce travail rude et mortel de la roue; dans aucune localité de la France, la vie de l'atelier, ne sera pas, à l'avenir, plus pénible que celle des champs. Malgré tous ces progrès, ne croyez pas, monsieur, que l'industrie ait dit son dernier mot; elle est, de sa nature, toujours progressive, sa mission est d'améliorer constamment le sort de l'ouvrier et celui du consommateur. Un jour, le fileur ne renvidera plus, et n'aura qu'à graisser son métier et à rattacher les fils; car d'habiles constructeurs de machines, MM. Nicolas Schlumberger, de Guebwiller, construisent déjà, et font marcher dans leurs ateliers, des métiers renvideurs, dits *automates*, avec lesquels l'ouvrier n'a plus d'autre occupation que celle dont je viens de vous parler.

Ce que j'ai dit sur la filature de coton, peut s'appliquer au tissage; autrefois, l'ouvrier travaillait dans des caves où l'air épais, chargé des émanations de la colle, produites par l'opération du parage, où l'humidité des murs et du sol étaient autant d'ennemis mortels pour la classe ouvrière; son travail, en outre, était pénible, car il fallait parer la chaîne avec des brosses, de deux heures en deux heures, et passer la navette toute la journée.

Aujourd'hui, les tissages mécaniques sont établis dans de vastes ateliers, bien aérés et sans aucune humidité ; l'ouvrier ne pare plus, l'encollage de la chaîne a lieu au moyen des machines dites *à parer;* il ne passe plus la navette, le métier à tisser fait toute la besogne ; on n'exige de l'ouvrier qu'une surveillance exacte ; aussi peut–il conduire deux et même quatre métiers, quand il est adroit. Voilà, monsieur, les progrès de l'industrie; chaque amélioration a été faite au profit de l'humanité ; les difficultés du travail ont disparu , la santé du travailleur n'a plus été compromise, et la masse du peuple s'est procuré les produits de l'industrie à des prix moins élevés.

Il en est de toutes les autres comme de l'industrie cotonnière, car aucune n'est restée stationnaire : *ab uno disce omnes.*

Je vais maintenant examiner avec conscience quelques points de votre système. Comment avez–vous osé, en plantant un morceau de sapin du Nord ou de chêne, au milieu des ateliers, proposer à l'homme actif, intelligent, laborieux, infatigable au travail, à cet esprit d'ordre et d'économie , qui veut amasser pour ses vieux jours, qui veut assurer le bien-être de sa compagne et de ses enfants, de partager son salaire avec l'ouvrier paresseux, qui dort sur son métier, dont le caractère est insouciant, qui ne travaille que pour le besoin du jour, qui le calcule, et qui ne dépense tout juste que la somme de forces nécessaire pour le satisfaire, et auquel il n'arrive jamais de penser à l'avenir? Mais ce n'est pas seulement la paresse que vous soutenez et que vous alimentez aux dépens du travail; vous allez encore devenir le défenseur de l'ivrogne, du joueur, du libertin; plus de frein pour leurs passions, car ces ouvriers recevront au bout du mois la même paye que le brave qui n'aura pas perdu une heure de travail, et ils croiront que c'est justice, d'après les principes de fraternité que vous leur expliquez à votre manière; plus de frein, car l'homme vicieux, corrompu, n'a point d'honneur, et il se rira de votre poteau.

Si vous aviez jeté un coup d'œil sur la famille particulière; si vous aviez étudié le cœur humain, tel qu'il est sorti de la main de Dieu; si vous aviez étudié les mœurs de l'antiquité sur les différents points du globe, les mœurs modernes dans toutes les parties du monde, vous sauriez qu'autrefois, comme aujourd'hui, cette fraternité n'avait jamais existé dans la famille particulière. Caïn tua son frère; l'histoire ancienne et moderne nous fournit assez d'exemples de cette nature dans la famille des rois. Descendons plus bas, que voyons-nous? deux frères qui plaident et qui mangent en frais l'héritage de leur père; d'un autre côté, c'est un père qui assigne son fils pour obtenir une pension alimentaire que le cœur refuse, mais que la loi accorde; allez dans les campagnes, le partage de quelques hectares de terre amène la désunion dans une famille entre les frères et les sœurs, et engendre des haines qui s'entretiennent jusqu'à la mort; voilà, en deux mots, l'histoire de la fraternité de la petite famille, qui a pour elle les liens du sang, qui se rompent presque toujours devant une question d'intérêt...; et vous voulez, monsieur, que ce qui est impossible dans la famille particulière, puisse se réaliser dans la grande famille des travailleurs? Ah! croyezmoi, votre mission est plus difficile que celle du Christ sur la terre; renoncez à ces chimères, si vous ne voulez passer pour illuminé.

Permettez-moi de dire deux mots sur mon compte : En sortant du collége je me fis fileur-tisserand; je travaillai de mes mains pour pouvoir commander un jour; je ne voulais pas qu'un ouvrier pût en savoir plus que moi; j'ai passé toute ma jeunesse avec lui, côte à côte, à filer, à tisser; ensuite à forger, à limer et à tourner, car je voulais non-seulement connaître le métier qui marchait dans ma main, mais encore pouvoir le construire. En effet, je devins ensuite mécanicien, fileur et tisserand. A la fleur de l'âge j'avais, comme industriel français, une certaine célébrité; j'étais à la tête des plus vastes ateliers de Paris, rue des Amandiers-Popincort, n° 19, quand la révolution de Juillet vint anéantir mon avenir; c'est vous dire assez, monsieur, que je suis un homme pratique et compétent dans la question : descendez donc des hauteurs où vient de vous placer la révolution de Février pour me lire un instant, car je ne puis m'élever jusqu'à vous. Voyez comme vont les choses dans ce monde : une révolution me fit tomber, une autre vient de vous élever, il y a compensation : tout est pour le mieux dans le meilleur des mondes.

Nous nous connaissons maintenant, vous êtes l'homme de la théorie, et moi l'homme de la pratique.

Il y a, monsieur, divergence d'opinion entre nous

sur la manière d'envisager l'industrie française : vous voulez tuer la concurrence pour améliorer le sort des classes ouvrières; moi, au contraire, je veux l'entretenir, l'étendre, la stimuler et l'enflammer s'il est possible, pour arriver au même but. Le peuple ne se compose pas seulement de la classe ouvrière, il comprend aussi tous les consommateurs, appelés à faire usage des produits qui sortent des mains de l'ouvrier; il faut aussi penser aux masses et améliorer leur existence matérielle. En tuant la concurrence, vous élevez le prix des produits fabriqués, vous appauvrissez les consommateurs, vous ruinez le commerce d'exportation, vous faites mourir l'industrie d'une mort lente, vous glacez le cœur de l'homme, vous éteignez son imagination, son génie, et vous tuez l'art; c'est l'ignorance des premiers âges, qui ne connaissaient pas encore l'aigre cri de la scie :

Nam primi cuneis scindebant fissile lignum :

C'est enfin la barbarie et le despotisme que vous ramenez.

Jetons un coup d'œil sur la position de l'ouvrier dans la société industrielle telle qu'elle est établie, nous le mettrons ensuite dans la position que vous lui proposez, et jugerons ensemble quel est le meilleur système pour le travailleur.

En France, l'homme qui n'a point de patrimoine est cependant riche d'avenir et d'espérance, il peut arriver à l'aisance, à la fortune, en faisant usage de sa liberté, en se livrant au métier qui a le plus d'attraits pour lui, ou à la profession qui le séduit. L'homme qui travaille vit toujours du fruit de son travail, et je soutiens que le mécanisme de la société est tellement bien établi, que le salaire est toujours en rapport avec ses besoins, et assez large pour permettre à l'ouvrier laborieux, intelligent et actif, de faire des économies qui, après un certain nombre d'années, peuvent, avec les intérêts cumulés, lui donner un revenu pour ses vieux jours, équivalent à son salaire annuel. Je soutiens que dans tous les centres de fabrication, il existe des ouvriers qui sont dans ces conditions d'aisance et de prospérité, comme je reconnais aussi qu'il en existe qui sont toujours dans la misère, par suite des vices qui les rongent. Vous voyez dans la même fabrique des ouvriers proprement vêtus, la mise de leur femme et de leurs enfants annonce un travail assidu et le bien-être; à côté il en est d'autres dont les vêtements sont en lambeaux, leur femme et leurs enfants sont couverts de haillons; les premiers sont sobres, sages et rangés, tout le fruit du travail se répand sur leur famille et dans l'intérieur de la maison; les autres, au contraire, fréquentent les cabarets, boivent à crédit le matin et le soir, et portent le montant de la quinzaine au marchand de vin, au lieu de lui donner une destination qui devrait être sacrée à leurs yeux. Comment donc changer cette dernière nature d'ouvriers? vous appartient-il de le faire? Moralisez tant que vous voudrez, moralisez encore, moralisez sans cesse, vous la retrouverez toujours. La classe riche, la plus élevée dans l'ordre social, qui a reçu une instruction plus

forte et plus complète que celle que l'on réclame pour
le peuple, n'a-t-elle pas ses défauts, ses vices, ses passions comme lui? est-elle enfin meilleure que lui?
Ceci posé, suivons l'ouvrier dans sa carrière. Les uns,
plus intelligents et plus laborieux, sortent de leur
sphère et s'élèvent dans la société; les autres restent
dans leur modeste position, l'esprit d'ordre qui les
dirige les rend heureux; d'autres, enfin, végéteront
toujours dans la misère, mais par leur faute. Du mo-
ment où l'ouvrier actif et intelligent jouit d'une répu-
tation d'ordre et d'économie, il attire l'attention du
capitaliste, sans avoir besoin d'un fusil ou d'un poi-
gnard pour l'y forcer, forme avec lui une association
où le capital trouve une part, l'intelligence une autre, et dans laquelle l'ouvrier prélève aussi la sienne,
sous forme de salaire, en rapport avec la somme de
travail qu'il a fournie. Voilà l'association telle qu'elle
existe aujourd'hui. Si l'entreprise échoue, le capitaliste
perd son capital, l'homme d'intelligence son temps,
mais l'ouvrier n'éprouve aucune perte; il reçoit le
salaire convenu, le maximum arrêté dans son contrat;
s'il y a déconfiture ou faillite, il n'en recevra pas
moins la totalité de ce qui lui est dû, car la loi, qui a
été faite avant l'intérêt tout particulier que vous portez à l'ouvrier, lui donne privilége sur tout l'actif de
la société, ce qui prouve qu'autrefois on pensait aussi
à cette classe si intéressante de la société, que la pater-
nelle sollicitude du législateur lui était acquise, et que
les novateurs d'aujourd'hui ne sont pas les premiers
à veiller sur des intérêts aussi chers.

Arrivons maintenant à votre système. Je suppose, monsieur, que par vos luttes contre la liberté de l'industrie, le gouvernement qui sortira de la Constituante se laisse entraîner dans une voie aussi dangereuse que celle que vous lui proposez, et qu'il prenne à son compte la moitié des fabrique de l'Alsace pour les diriger d'après vos principes; la République serait le capitaliste, l'homme d'intelligence se trouverait, les ouvriers existent; voilà de suite l'association formée.

Ce projet est facile à réaliser, les cerveaux brûlés de l'époque ont mis en avant tant de systèmes qui menacent la société, le commerce, l'industrie, que vous trouveriez aujourd'hui la moitié des fabricants qui vous céderaient avec empressement leurs fabriques, ainsi que vous l'annoncez vous-même; nous sommes donc d'accord sur ce point. Mais qu'arriverait-il dans cette situation? selon vous, l'industrie de l'État qui suivrait vos errements absorberait de suite l'industrie particulière, car rien ne pourrait résister à cet élan de l'association, à cette émulation de la classe ouvrière, aux heureuses combinaisons, enfants de votre imagination; l'État produirait à plus bas prix, livrerait de meilleurs produits, et absorberait inévitablement l'industrie particulière, car pour l'absorber, je ne connais pas d'autres conditions que celle de produire à plus bas prix pour attirer la consommation, ou de faire beaucoup mieux et à prix égal pour séduire par la qualité, il n'y a pas d'autre moyen d'absorption. Quand l'industrie particulière verra enfin, par les résultats mathématiques, que vous vendez au-

dessous de ses prix, sans perte pour vos fabriques,
quand elle verra que les hommes de génie sont tous
dans vos rangs, que vous produisez des qualités supé-
rieures aux siennes, et qu'elle ne peut enfin vous faire
concurrence; ah! n'en doutez pas, vous sortirez victo-
rieux de la lutte, et l'absorption sera bientôt faite;
l'État alors sera acheteur de coton en Amérique, com-
missionnaire au Havre, filateur et tisserand à Rouen et
en Alsace, fabricant d'indiennes, et aura ses magasins
rue du Sentier et rue du Gros-Chenet, pour vendre au
public régénéré par les socialistes de l'époque; heureux
public, il aura désormais le calicot, qu'il paye aujour-
d'hui 40 centimes le mètre, à raison de 30 centimes,
car tel est le résultat; il n'y en a pas d'autres pour absorber l'industrie particulière; et cependant l'ouvrier
gagnera plus qu'il ne gagne aujourd'hui.

J'avoue que je ne comprends pas trop comment
vous arriverez à contenter et l'ouvrier et le public,
pour forcer l'industrie particulière à se retirer devant
vous; enfin c'est un secret que vous avez, c'est une
baguette magique que vous possédez, qui doit produire
ces merveilleux effets.....; attendons...

Pour moi, monsieur, je voudrais, dans l'intérêt de
cette moitié que vous devez absorber, voir ce beau
projet se réaliser; du jour où vous le mettrez à exécu-
tion, je garantis à cette moitié qui ne sera pas dans vos
rangs, qu'elle n'aura jamais vu de plus beaux jours, et
que le succès est assuré pour elle; car ce ne sont pas
des phrases qui font marcher la fabrique; les méta-
phores, les figures n'ont aucune influence sur elle;

elle ne connaît que les mathématiques, et tout se résume en chiffres, en *doit* et *avoir*. Le fabricant ne luttera pas avec vous par la pompe de son style, mais sur son terrain vous serez vaincu; c'est là que je vous attends pour vous prouver le vide, le creux, le néant de vos idées. Je vous défie, vous, le gouvernement et tous les socialistes du monde, d'engager ce duel à mort pour l'une des deux industries; je vous en défie, car je suis assuré du succès en faveur de l'industrie particulière; je vous en défie, dans l'intérêt de la classe ouvrière, qu'il ne faut pas abuser plus longtemps par des promesses mensongères; je vous en défie, pour ramener enfin le calme dans les esprits, chez les industriels, chez les capitalistes, chez les marchands; il faut que le duel ait lieu; mettez-vous donc à l'œuvre, je vous attends, je vous aiderai même avec zèle dans votre organisation, si vous le désirez.

Mais avant de commencer, réfléchissez-y bien; voici ce qui doit vous arriver.

Vous n'achèterez pas en Amérique le coton à meilleur marché que l'industrie particulière, vos frais d'expédition et de transport seront les mêmes, vos frais au Havre, ceux de roulage seront pour vous comme pour l'industrie particulière; heureux si vous administrez aussi sagement qu'elle et si ces frais n'excèdent pas les siens. Je vous fais cette concession. Mais en fabrique, qu'arrivera-t-il? J'admets que vous ayez un bon administrateur, un bon contre-maître. Ces deux têtes auront-elles le même intérêt, la même activité, les mêmes soins, que le fabricant en qui tout se résume? auront-ils les mêmes insomnies que ce fabricant, qui cherche nuit et jour les moyens de triompher de ses concurrents par des innovations, par des économies, et la supériorité de ses produits? Ces deux chefs prendront-ils sur leurs heures de repas, sur celles de leur repos, pour veiller à ce que tout soit en ordre, pour rechercher si toutes les machines fonctionnent bien, si le moteur principal ne consomme pas trop de combustible, si tous les rouages sont en harmonie, s'ils sont bien graissés, si tout enfin est prêt et en ordre pour reprendre les travaux tel jour et à telle heure sans inconvénients?

Ce directeur et ce contre-maître ne sauront-ils pas que le salaire est assuré, que le plus certain est dans la rétribution mensuelle ; que le reste n'est qu'une éventualité dont les résultats d'ailleurs ne pourraient d'une manière bien sensible changer leur position , auront-ils les mêmes motifs d'ambition que l'homme qui travaille pour faire sa fortune? seront-ils, comme les fabricants d'aujourd'hui, sous l'empire de cette loi impérieuse qui a produit tant de merveilles dans le monde industriel : *succès* ou la *mort?*

Oh ! qu'il est puissant ce fabricant , ce père de famille, qui veut assurer à la compagne de sa vie, témoin de ses travaux, une heureuse position pour la vieillesse ! Oh! qu'il est ingénieux ce père de famille, dont la noble ambition est d'élever honorablement ses enfants, de les bien établir et de les bien placer dans le monde, avant de les quitter pour toujours! Ah ! qu'il est capable de grandes choses, cet homme qui redoute le déshonneur de la faillite, cette flétrissure commerciale cent fois pire que la mort! Ses facultés grandiront dans les moments d'orage, son génie planera sur son établissement à chaque heure du jour et de la nuit pour le faire prospérer; rien ne lui échappera, il remédiera à tout; il cherchera, inventera, améliorera pour arriver au port; il a tant d'intérêts à sauver, comment ne ferait-il pas des merveilles? Voilà pourtant ce que vous voulez détruire, voilà les sentiments que vous voulez étouffer pour y substituer l'indifférence gouvernementale; vous remplacez l'activité par l'insouciance, l'incertitude de l'avenir qui donne tant de forces pour le travail, par l'assurance d'une retraite dans la vieillesse; vous remplacez enfin le feu du génie par le calme ou la glace administrative; et vous voulez, avec de tels éléments, vaincre des forces aussi vivaces que celles de l'industrie particulière ! Mais ne savez-vous pas que le gouvernement met toujours beaucoup plus de temps qu'un particulier à faire ce qu'il fait, et que ses œuvres lui coûtent toujours beaucoup plus cher? Je pose en fait que si le gouvernement accordait la liberté de fabriquer des cigares et de vendre du tabac en concurrence avec lui, malgré sa grande expérience, son habileté, ses bureaux établis, son personnel dressé; je pose en fait, dis-je, qu'avant un an l'industrie particulière aurait absorbé l'industrie du gouvernement, et que ses bureaux seraient bientôt déserts. Etablissons la lutte sur ce terrain; que le gouvernement, sans abandonner ses bureaux et sa fabrication, décrète la liberté de fabriquer des cigares, et nous verrons si l'industrie gouvernementale, dirigée par vous, a véritablement le secret d'absorber l'industrie particulière, en vendant à meilleur marché, et en faisant gagner davantage à l'ouvrier. Au reste, je ne vois pas pourquoi le cigare, sous la République, ne jouirait pas de la liberté, et pourquoi il n'aurait pas, lui aussi, l'honneur d'un décret. Je me résume donc ici sur cette question, jamais l'industrie du gouvernement ne pourra absorber l'industrie particulière, en améliorant le sort de la classe ouvrière. A conditions égales, la lutte n'est pas douteuse en faveur de ce qui est, de ce qui existe; le reste n'est qu'une phraséologie qui cache des ambitions personnelles, voilà tout.

Qu'arriverait-il si le gouvernement s'emparait de toutes les usines ?

Supposons qu'égaré par vos doctrines (et remarquez que ce n'est qu'une supposition), le Gouvernement sorti de la Constituante fît la faute de s'emparer de toutes les grandes industries, en méconnaissant les principes de liberté qui font sa force, puisque c'est elle qui l'a proclamé, établi, et qu'il n'existe que par elle; mais enfin nous avons vu des rois infidèles à leur origine, la République pourrait bien aussi méconnaître la sienne. Supposons donc qu'au mépris des droits les plus sacrés, qu'au mépris de la propriété, des capitaux, des engagements pris, des contrats passés, qu'au mépris des droits acquis, le gouvernement, *par arrêt*, s'emparât des grandes entreprises que l'on nomme d'intérêt général, comme si toutes n'étaient pas d'intérêt général, telles que les chemins de fer, les compagnies d'assurances, les canaux, les houillères et les fabriques de coton. Qu'arriverait-il dans cette dernière industrie dont j'ai parlé jusqu'ici, et que je défendrai jusqu'au bout, quitte à changer de terrain pour vous suivre plus tard dans tous vos développements?

Puisque je vous ai démontré, monsieur, que vous ne pourriez pas lutter contre l'industrie particulière, parce que c'est un fait acquis à la conscience de tous que le gouvernement ne peut produire aux mêmes conditions que l'industrie particulière; il en résulterait donc que la masse serait obligée de payer les produits du gouvernement beaucoup plus cher, sans même changer et améliorer la condition de l'ouvrier. Il en résulterait que si le gouvernement voulait améliorer le sort du travailleur en augmentant son salaire, ou en lui donnant une part dans les bénéfices, pour que cette part ne fût pas une illusion, comme toutes les promesses politiques, il faudrait augmenter considérablement le prix de la marchandise et la ramener au taux où elle était autrefois; ce serait rétrograder et faire le premier pas vers la barbarie. On surchargerait la classe qui consomme au profit de la classe ouvrière, on ruinerait une partie du peuple pour enrichir l'autre; est-ce là de la justice, est-ce ainsi que l'on comprend l'égalité? Quant à moi, je m'étais figuré que toutes les améliorations industrielles devaient profiter à tous sans nuire à aucun, à la consommation, comme à la classe ouvrière, qui consomme aussi et qui a sa part dans la diminution du prix des produits fabriqués. Je vous ai prouvé, en commençant ce petit aperçu, que depuis l'apparition de l'industrie en France, il en avait été ainsi, que l'ouvrier avait trouvé son compte à chaque pas dans le progrès, et que la consommation y avait aussi beaucoup gagné. Mais poursuivons donc votre système que vous appelez nouveau et que moi je nomme rétrograde, entrons-y à pleines voiles, et nous allons le voir se développer avec tout son hideux cortége de la barbarie et du despotisme.

Quand vous aurez réuni toutes les fabriques sous la main du gouvernement, il n'y aura qu'une seule et même pensée qui présidera aux destinées de l'industrie; la bureaucratie réglera sa marche; elle sera bien et trop bien disciplinée, ses étapes bien mesurées, ses heures de travail fixées, celles des repas ordonnancées, décrétées; rien n'y manquera. Mais nous n'aurons qu'une organisation administrative; tout se ressentira des formes ministérielles; il faudra le double d'employés qu'autrefois; chacun prendra le temps de tailler sa plume; qu'importe la production, les quantités qui diminuent les frais généraux! qu'importent les heures de travail, qu'aura-t-on besoin de perfection pour les produits! la concurrence n'existera plus, on ne la craindra plus, on n'entendra plus sa voix menaçante, le gouvernement aura ses bazars; bien ou mal faite, la marchandise se vendra toujours; d'ailleurs, on ne fabriquera tout juste que pour la consommation, il faudra bien qu'elle s'écoule.

Que deviendront le génie d'invention, les mille ressources de l'imagination du dessinateur pour étoffes, celles du coloriste? Tout cela s'éteindra peu à peu; l'industrie ne sera plus l'esclave des caprices du beau sexe, on lui offrira ce que la fabrique aura produit, ce qui sera exposé dans les bazars; les dames seront bien obligées de se soumettre, elles ne pourront plus donner une année la préférence aux Dolfus, une autre année aux Kœklin., une saison aux Hartmann, une autre à Wessrling ou à Josué Hofer; le fabricant qui cherchait un dessin, une idée heureuse pour plaire au public et se faire un nom, n'aura plus d'autre stimulant que celui d'un administrateur des postes, un chef de bureau, qui sait qu'il doit arriver à neuf heures du matin et sortir à quatre heures du soir pour remplir ses fonctions. La concurrence, il est vrai, n'existera plus; mais avec elle disparaîtra toute idée d'invention, toute innovation; le génie se refroidira et s'engourdira totalement; nous voilà revenus à notre point de départ, à nos premiers essais; les étrangers nous effaceront bientôt et nous devanceront dans la course; ils attireront à eux nos hommes de mérite, qu'ils payeront largement, car ils comprendront que leur temps est arrivé, et que si nous devons renoncer à soutenir la concurrence avec l'Angleterre sur la surface du globe, ils doivent la lui disputer. Voilà notre place prise désormais; en tuant la concurrence chez nous, il faut renoncer à tous les marchés étrangers. Singulière manière de comprendre l'industrie et le commerce ! non-seulement il faut renoncer aux marchés étrangers, mais je crains bien que la France ne de-

vienne la proie de l'industrie anglaise au moyen de
la contrebande, ce chancre qui achèvera le mal que
vous avez commencé; car remarquez bien que le décret qui a fixé les heures de travail aura pour résultat
de faire augmenter toutes les matières premières,
charbon, fer et cuivre, qui servent à la construction
des machines à filer. Les constructeurs seront aussi
forcés de faire supporter à leurs machines une plus
forte masse de frais généraux, puisqu'ils produiront
moins; voilà déjà le matériel de filature, de tissage et
d'impression considérablement augmenté. A ce petit
inconvénient, il faut ajouter que les frais généraux de
la filature, répartis sur une plus faible production,
élèveront encore le prix des filés; cette loi logique et
mortelle produira les mêmes effets sur le tissage et la
fabrique d'indiennes, de sorte qu'à chaque opération il
y aura augmentation forcée sur le prix de la marchandise fabriquée. Mais si l'ouvrier gagne en onze heures
ce qu'il gagnait autrefois en quatorze, la marchandise
augmentera dans la même proportion; à quel prix mon-
terait-elle donc si l'ouvrier gagnait davantage? Nous
voilà forcés d'avoir recours à la contrebande, elle est
devenue inévitable; voilà la France livrée à l'Angleterre, à la Suisse, et bientôt à l'Allemagne... Contre-
bandiers, allumez des feux de joie, dressez des autels
à M. Louis Blanc; qu'il soit désormais votre patron.
Il vient d'organiser votre travail en désorganisant
celui de la France industrielle. Quant à vous, mécaniciens, fileurs, tisserands, imprimeurs, et vous tous
qui avez des rapports avec l'industrie cotonnière, ce

système merveilleux, vous conduit droit à l'hôpital en fermant vos fabriques.

Mais ne perdons pas de vue la classe ouvrière dans ce bouleversement général, au milieu de ce naufrage du génie, du commerce, de l'industrie et de la concurrence, au milieu de ce cataclysme d'idéologie qui va d'un peuple civilisé par les arts et l'industrie, d'un peuple né pour la gloire et la liberté, en faire un peuple d'esclaves, car tel est le sort que vous lui réservez.

Pauvres ouvriers, vous ne voyez pas que ces hommes qui vous parlent de bien-être, de fortune, d'avenir plus heureux, qui vous promettent ce qu'ils n'ont pas et ne peuvent vous donner, vous égarent et qu'ils vous trompent, et qu'ils vous forgent des fers en échange de votre liberté !

Ouvriers, mes amis, comprenez mes dernières paroles : une fois que vous seriez enrégimentés, que vous seriez sous la main du gouvernement, plus de liberté pour vous ; vous ne seriez plus des hommes, mais des esclaves soumis à la plus dure des disciplines ; si vous étiez mécontents d'un chef de fabrique, vous ne pourriez frapper à la porte d'une autre, car vous trouveriez partout la même sévérité, le même bras de fer qui s'appesantirait sur vous ; le soldat qui change de régiment ne rencontre-t-il pas partout le Code militaire ?

Comparez cette position à celle que vous avez aujourd'hui ; êtes-vous mécontents dans un atelier, vous allez dans un autre ; êtes-vous encore mécontents, vous changez encore, jusqu'à ce qu'enfin vous soyez satisfaits; conservez cette liberté qui vous vient du Ciel et que vous avez conquise pour toujours, au prix de votre sang.

Conservez la concurrence, c'est elle qui fait votre bonheur; je voudrais, dans l'intérêt que je vous porte, la voir plus grande encore; plus elle s'étend, plus elle se développe, plus vos services sont appréciés et recherchés; que le gouvernement, au lieu de se livrer aux utopistes, écoute les hommes pratiques, et nous arriverons à cette grande solution d'améliorer le sort du travailleur et des masses.

Les uns la cherchent dans le monopole gouvernemental et administratif.

Moi je l'ai trouvée dans le développement de la concurrence, mais dans cette concurrence qui donne la vie et non la mort.

C'est la concurrence qui assure le pain de l'ouvrier et qui lui permet d'arriver à la fortune.

C'est la concurrence qui fait que nous payons aujourd'hui 40 cent. le calicot, qui valait 1 franc il y a vingt ans.

C'est la concurrence au roulage et aux diligences qui enfanta les chemins de fer.

C'est la concurrence à l'ancien mode d'éclairage qui fit jaillir des flots de gaz du charbon.

C'est la concurrence aux navires à voiles qui donna naissance aux bateaux à vapeur.

C'est à la concurrence que nous devons mille autres merveilles.

C'est la concurrence qui nous promet de nous initier à tous les secrets de la nature, et qui nous mènera de progrès en progrès au bonheur social, autant qu'il est permis de l'espérer sur la terre.

Anathème aux illuminés qui veulent détruire la concurrence, source vive de tout progrès et de toute perfectibilité humaine.

Anathème aux insensés qui ont désorganisé, par leurs doctrines, la société française, en effrayant la propriété, le commerce, l'industrie et le capital, qui est l'âme et la vie de toutes les nations civilisées.

Anathème à ces impies devant lesquels tous les ateliers se sont fermés ; ils ont affamé le travailleur, qui leur demandera compte un jour de sa misère ; malédiction sur eux, ils sont le fléau de leur patrie !... Ils n'ont d'autre but que de s'appuyer sur l'ouvrier qu'ils égarent, pour se faire un nom, se rendre redoutables et s'imposer au pouvoir national ; espérons que celui-ci renfermera en son sein assez d'hommes de cœur pour étouffer enfin leurs funestes clameurs..... Les libertés du monde dépendent de l'énergie de la Constituante.

Honneur au gouvernement provisoire qui a traversé la tempête en sauvant le gouvernail de l'Etat ! Honneur à lui ! au milieu des dissensions, des agitations, des passions qui se croisaient en tous sens, Paris n'a pas connu les horreurs de la guerre civile.... Voici l'explication de cette page mystérieuse de notre histoire. Ce gouvernement n'a été aussi fort que parce qu'il n'était pas homogène ; les uns, pleins d'espérance, jetaient les yeux sur leur étoile qui scintillait à l'orient, les autres

regardaient avec confiance celle qui brillait en occi-
dent.

Paris, le 4 mai 1848.

J. POULAIN.

P. S. *Ma seconde lettre, monsieur, vous entretiendra de quelques améliorations réelles en faveur des travail- leurs, et des moyens à employer par le gouvernement pour rendre de suite la vie aux ateliers, ramener la confiance et assurer à jamais la tranquillité de la ca- pitale.*